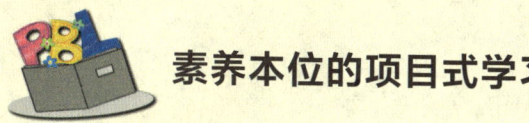 素养本位的项目式学习

山东山大基础教育集团　编著

学校 _____

班级 _____

姓名 _____

山东科学技术出版社
·济南·

图书在版编目（CIP）数据

星系逆航 / 山东山大基础教育集团编著.—济南：山东科学技术出版社，2021.6（2022.12重印）

ISBN 978-7-5723-0932-8

Ⅰ.①星… Ⅱ.①山… Ⅲ.①素质教育—教育研究 Ⅳ.①G40-012

中国版本图书馆CIP数据核字（2021）第106392号

星系逆航

XING XI NI HANG

责任编辑：郑淑娟　房慧君
封面设计：侯　宇

主管单位：山东出版传媒股份有限公司
出 版 者：山东科学技术出版社
　　　　　地址：济南市市中区舜耕路517号
　　　　　邮编：250003　电话：（0531）82098088
　　　　　网址：www.lkj.com.cn
　　　　　电子邮件：sdkj@sdcbcm.com
发 行 者：山东科学技术出版社
　　　　　地址：济南市市中区舜耕路517号
　　　　　邮编：250003　电话：（0531）82098078
印 刷 者：济南富丽彩印刷有限公司
　　　　　地址：济南市高新区春博路2266号
　　　　　邮编：250100　电话：（0531）88902542

规格：16开（184 mm×260 mm）
印张：6.5
版次：2021年6月第1版　2022年12月第2次印刷
定价：26.00元

推荐词

　　素养本位的项目式学习跳出了对假期学习的传统认知，摆脱了"作业就是课本知识的巩固练习，假期就是集中刷题的良好时机"的窠臼，通过一个个联系学生实际且富有意义的探究性项目，引导学生进入一个充满探索、实践、想象和创造的奇幻世界，真正让假期成为学生放飞心灵、发展心智、培养素养的乐园。本套书所呈现的项目式假期学习有三个突出的特点：一是以学生核心素养发展为指向，以挑战性项目为载体，让学生在探索真实世界、解决现实问题的过程中持续探究和成长，开创了假期学习的新形态；二是站在素养教育的高度审视假期学习，以课程的形式开展项目式假期学习设计，在育人目标、学习方式、资源配置、推进模式和评价机制诸多方面都有可圈可点之处，体现了老师们的实践智慧和创新意识；三是充分考虑和发挥了学生的自主性，不仅在项目式学习实施过程中激发学生自发的学习动力，创建有意义的对话和合作机制，而且让学生参与项目式作业的设计，真正成为自己假期的主人，发展学生的参与意识、创造精神和实践能力。这些有益的探索和实践，对于促进学习方式变革，实现从知识本位向素养本位的教育形态转型具有重大的理论和现实意义。

华东师范大学教育学部教育心理学系教授
杨向东

编委会

本 册 主 编 苏晓虎
本册副主编 李 欣　张艺佩
本 册 编 委 杨 青　孔瑞瑞　陈沛玺　徐小婷　李 静　董景斌　张 丽
　　　　　　　段义峰　董 梅　张可诒　张 鑫　张淑霞　孔 磊　王庆刚
　　　　　　　孙开玉　王玲玲　赵 然　韩 琪
学 生 编 委 李若荃　侯景晨　赵 阳　宋赟洁（山大附中2017级12班）
　　　　　　　吕安彤（山大附中2017级5班）
　　　　　　　武文双　张博芊（山大附中2017级1班）
　　　　　　　王卓然　杨劲涵（山大附中2017级2班）
　　　　　　　李思璇（山大附中2017级7班）
　　　　　　　张雨萱　杨鸿翼（山大附中2017级8班）
　　　　　　　叶学衡　刘鹤扬（山大附中2017级12班）
　　　　　　　丁宇涵　刘焘宁（山大附中2017级3班）
　　　　　　　李怡然　王朝闻（山大附中2018级6班）
　　　　　　　周文祺　赵恒淼（山大附中2018级8班）
　　　　　　　李林蔚（山大附中2018级12班）
　　　　　　　李忠叡　吴依宸　王梓涵（山大附中2017级3班）
　　　　　　　张璐嘉　赵静娴（山大附中2018级5班）
　　　　　　　张竞文（山大附中2018级7班）
　　　　　　　姜蕴珈（山大附中2018级1班）
　　　　　　　孙小懿（山大附中2018级13班）
　　　　　　　陈妍凝（山大附中2019级6班）
　　　　　　　魏熙恒（山大辅仁2019级6班）
　　　　　　　赵景行（山大辅仁2019级5班）

特约学生插画 张媛媛（山大附中2017级10班）

总序

为了儿童的童年，为了少年的花季

多年来，我常常回想并尝试归纳在童年与少年时期我和妹妹最大的相似与不同，归纳的结果：最大的相似是，在寒暑假里我们都是用七天完成作业；最大的不同是，她用假期的前七天，而我用假期的后七天。面对写写算算的假期作业，我们的共同认识是假期作业是老师、家长验证我们有无虚度时光的手段，而我们的共同选择是别让它耽误我们正常的假期生活。假期作业是"要我们做"的作业，而不是"我们要做"的作业。我们并不是假期作业的主人。

从教二十年，在旁人眼里我还算是行业中较为优秀的人，也曾尝试总结所具备的这些"关键的能力""核心的素养"从何而来。思来想去，源头很多，但最让我确定并念念不忘的是我那假期作业之外的假期生活。在那看似荒废了、很低效、消磨着度过的假期里，隐藏着我生命中最具张力、最为鲜活的一段历程。

那时的我——

爱找小伙伴玩儿： 每天一睁眼就挨家挨户呼喊小伙伴去玩儿。在玩闹中我学会了交流、合作，学会了处理好与他人的关系，学会了制定规则与遵守规则，在自然形成的小团队里我还产生了责任感，发展了领导力……（关键能力中的合作能力）

爱猎奇，爱刨根问底： 特别喜欢去未知的地方"探险"，一个废弃的车间，一块儿刚抽穗的玉米地，公园里的一座假山，都是令我们既兴奋又紧张的乐园；特别喜欢跟新鲜的事物"亲密接触"——用斗鸡眼去看三维立体图，用家里取暖的炉子做各种异想天开的"实验"。主动地猜想、独立地思考、反复地尝试、勇敢地探究……永远乐于刨根问底，无时无处不爆发同伴之间的发问与辩论，小到蝇虫鼠蚁什么都要问，大到国际关系什么都敢辩；立论、阐述、举例子、打比方、举反例，各种方法边学边用，全面、双向、理性地思考问题，使批判性思维渐渐萌芽。（关键能力中的认知能力）

爱创造： 没有玩具枪，竹竿、木棍、铁丝、白纸……都能用来制作；没有布娃娃，枕头改个形状，手绢改个模样，泥巴捏个造型……都能拿来改造；打扑克把会玩的规则都玩腻了，大家就编规则继续玩；最普通的水、泥土、沙……大千世界，万事万物，都是我们创造的源泉。（关键能力中的创造能力）

关键能力、核心素养，就在这真实的情境中，在这真实问题的思考、解决过程中，产生了。

"学生假期"是学校教育、家庭教育、社会教育均应高度重视的一环，具有传统教育、课堂教学难以比拟的育人价值：一方面，假期可以为学生的自主发展提供充分的时间和广阔的空间；另一方面，学生此时的学业压力和焦虑也较小，为培养他们的关键能力提供了更大的可能性。

鉴于此，山东山大基础教育集团总校长赵勇提出以"养心育德、养根育能"的育人理论为引领，指向学生核心素养（包含关键能力）的发展，根据假期的特点以及学生的兴趣需求，以科学研究的严谨态度和规范标准进行研究设计，以项目式学习为核心的复合式学习方式来运行，形成新型假期学习课程。

假期项目式学习课程的开发与实施，致力于解决三对矛盾，即：解决传统假期作业功能窄化与"培养支撑终身发展、适应时代要求的关键能力"之间的矛盾，项目式学习特征与传统课堂教学局限性的矛盾，核心素养培养需求与培养路径研究匮乏之间的矛盾。

为了解决以上三对矛盾，我们的基本策略是：开发以全面育人为方向，以有趣、有意情境为主题，以学科思维为根基，以问题解决为主线，以项目为主的复合型学习方式（兼容主题式、合作式、探究式等学习方式）为抓手，以多元化、关联性的评价为保障的素养本位课程。

简而言之，就是——

为了儿童的童年，为了少年的花季，

为了孩子核心素养的形成，为了孩子的终身发展！

不要在假期再让孩子做课堂上该做的事儿，

也不要在假期让孩子无所事事，

让孩子在假期做假期该做的事儿！

于是，山东山大基础教育集团的教师又变成了孩子，再召集一群热爱假期的孩子，一起做了这样一套真正属于孩子自己的假期项目课程，放飞他们的假期，也希冀他们更精彩地成长……

有趣的灵魂万里挑一，我们就要塑造有趣的灵魂。

本册主编
苏晓虎

使　用　说　明

设计意图 ▶

　　《星系逆航》由山东山大基础教育集团九个不同学科的18位教师和38名学生共同设计而成。本作业的设计与开发以关键能力为主要培育方向，涉及德、智、体、美、劳各方面，以有趣、有意的整合性情境与开放性任务为驱动，以问题解决为主线，以学生的主动参与与自我建构为典型特征，以复合型学习方式（兼容主题式、合作式、探究式等学习方式）为抓手，以多元化、关联性的评价为保障，形成系列化项目。设计意图主要体现在以下几个方面：

1. 作业设计基于课程标准

　　将课程标准中关于学生学科学习的各种要求，都融入学生要做的项目中。例如，车尼斯星球项目主要体现了课标中"认识中华文化的丰厚博大，吸收民族文化智慧，提高文化品位；能主动进行探究性学习，在实践中学习、运用语文"的要求；桀骜百乐非星球主要体现了"运用所学到的生物、地理知识解决生活、生产或社会实际问题；探索生命奥秘、培养一定的探索精神和创新意识；珍爱自然和生命，理解人与自然和谐发展的意义"。

2. 各个项目均指向关键能力的培养

　　项目式学习能够打破学科的逻辑结构，强调在真实的问题情境中探究学习，让学生积极地学习、自主地进行知识的建构，是提升关键

能力的重要途径。本作业在校长赵勇"养心育德、养根育能"育人理念的引领下，试图建立关键能力和假期项目式学习的深层对应关系，从而为关键能力的养成提供最有力的抓手。本作业的每个项目均指向四种关键能力：认知能力、合作能力、创新能力、职业能力。

3. 让学生成为本作业设计的主角

学生充分参与本作业的设计。"脑洞大开组"的同学负责故事的构思和文字编写，"酷炫科技组"的同学负责封面的设计、部分图片的制作等，部分插图则由"唯美绘画组"的同学绘制而成。教师主要以引导对话的方式，指导学生进行结构的分析与调整，全力帮助学生完成一份"自己为自己设计的作业"。"星际大战"的情景设计和充满悬疑的故事情节的构思主要来自学生，因此符合学生的兴趣点，有利于发生真实性的学习。

4. 结合多种评价方式

传统假期作业普遍的评价方式是开学后对学生进行一次终结性评价，所以，学生在假期中可能存在敷衍了事、临时突击完成等情况。而本作业采用过程性评价和终结性评价相结合的方式，可促使学生高效地完成作业。过程性评价在此书中主要表现为学生需向指定微信公众号后台发送"密钥"获取"能量碎片"，教师对学生完成作业的情况作出及时、针对性的评价。终结性评价是指在"星系逆航游园会"中采用集中展示和颁奖等形式进行的评价，遨游日志则既是过程性评价又是终结性评价。

5. 构建良好的亲子关系

在传统假期作业的模式下，家长通常是孩子的监督者和评判者。而孩子在完成本作业的过程中，需要合作拍摄电影、制作美食、绘制图鉴等，这个过程很可能需要家长的协助，此时家长的身份就可以转变为孩子的支持者、陪伴者和欣赏者，有助于家长与青春期孩子形成良好的亲子关系。

项目简介

2812年，发生了一场星际大战，"星际战士"（学生）需要到不同的星球寻找"能量碎片"，故事由此展开。每个星球均设置了项目式学习的任务，学生完成任务，获得"密钥"，并将密钥发送到指定微信公众号后台。若密钥正确，即可得到相应的能量碎片（文字）。得到此星球的能量碎片是到达下一个星球的必要条件。此外，学生还需要将项目成果以文字等形式呈现出来，设计并制作一本遨游日志。

基于学生兴趣的故事、悬疑式的情节、游戏式的任务设置，使学生能够轻松愉快地完成假期作业。每个星球的任务不同，下面进行简要介绍：

1. 海博特星球

本星球为起始星球，旨在让学生养成良好的生活习惯。学生需要通过阅读、体育锻炼等方式让自己更加博学和强大。

2. 车尼斯星球

本星球项目的设置与语文学科相关，引导学生读书、看电影。学生通过小组合作的形式，将巴金先生《家》的片段改编为以本地民俗街为背景的剧本，并拍摄一部微电影。

3. 桀骜百乐非星球

本星球项目的设置与地理、生物学科相关，学生需发挥想象，绘制桀骜百乐非星球的地形剖面图；设计并绘制能适应新环境的鸟类，从喙、足蹼、羽毛等外形特点以及骨骼、肌肉、消化系统、呼吸系统等方面入手，描述其特点和结构是如何助其适应环境的。

4. 麦斯星球

本星球项目的设置与数学学科相关。学生需根据内容找到做题条件，根据总结出的条件在山东大学中心校区手绘布局图上"定位作图"；任务二为根据自己学校的布局图，设计夺宝大赛或定向越野大赛。

星系逆航

5. 克里奥星球

本星球与菲斯克星球选做其一即可。本星球项目与历史学科相关，学生需尝试以"专题研究"的思路学习历史。包括：写出"四位先生"的名字；根据线索，找到"第一位先生"发现的最有代表性的文化遗址并在该遗址前合影留念；写一篇关于老舍先生的《大明湖》的研究札记；摘抄"第三位先生"相关书目的相关情节，并记录感受。

6. 菲斯克星球

本星球与克里奥星球选做其一即可。本星球项目与物理、化学学科相关。学生需完成要求制作的美食并拍摄照片；制作一个做豆腐的工具并拍照；尝试不同的"豆腐点卤"方法，并撰写豆腐的制作过程与制作原理。

7. 英格里斯星球

本星球项目与英语学科相关。学生需选取一道最想介绍给大家的年夜饭，体现出年夜饭的地域性；搜集关于原料和制作步骤的英文表达；用英文记录制作步骤，并配图进行说明，呈现在厚绘画纸上。最终形成一幅全英文的年夜饭美食宣传海报。

通关密钥提示 ▶

1. 车尼斯星球：一个英语单词。

2. 桀骜百乐非星球：一种鸟的名称。

3. 麦斯星球：一种建筑物的名称。

4. 克里奥星球：四位先生的姓名。

5. 菲斯克星球：一种"神奇"的奶的名称。

6. 英格里斯星球：我国北方年夜饭中不可缺少的一道面食的名称。

使用说明

能量碎片分布 ▶

车尼斯星球	能量碎片 A 和能量碎片 B
桀骜百乐非星球	能量碎片 C_1 和能量碎片 C_2
麦斯星球	能量碎片 D
克里奥星球	能量碎片 E
菲斯克星球	

备注：克里奥星球和菲斯克星球，选做其中一个星球的任务即可获得能量碎片 E。

微信公众号 ▶

关注微信公众号"山东山大基础教育集团"，发送通关密钥至后台，即可获得能量碎片。

目录 MULU

开篇	1
海博特星球	5
一、时间管理规划	8
二、阅读计划	9
三、体育锻炼计划	13
四、小组学习规划	17
车尼斯星球	19
桀骜百乐非星球	29
麦斯星球	39
克里奥星球	48
菲斯克星球	55
英格里斯星球	65
大结局	71
星际遨游日志	73
家长篇	77
教师篇	84

开 篇

2812 年　星际叛军总部

伴随着三声沉闷的响声，红色的电磁波将城垒下人群疯狂的呼喊推向高潮，叛军队形涡流般起伏。叛军总统普兰德的声音通过各个共振音源涌向大地："斯坦第星系的人们即将失去生存的靠山，两个月后，宇宙都会充斥着我们胜利的呐喊！"随即，红色光柱拔地而起，直指斯坦第星系。

地球

你舔了舔被寒风吹的发白而干涩的嘴唇,哼着歌从学校快步走出。隆冬时节,你拉上了你的等离子粉碎鸭绒填充的羽绒服磁力拉锁,想赶快回家,但你心里突然出现了一丝奇怪的想吃关东煮的欲望。旁边路上的小店已经开了几个世纪,每天路过时,都有阵阵鱼丸和甜不辣的香气不由分说地钻进你的鼻子。纯天然的有机食品已经很少了,只有在这家小店能找到。

嗅觉强化器不断加强,食物的香味让你想不顾政府的禁令打开绑腿上的反重力微型引擎,疾跃至店门口。你不得不摘下了鼻窦上米粒大小的强化器。正当你想要同时摘下耳郭旁的听力强化器时,一阵微弱的交谈声从街边的一条漆黑的巷子传出,不可避免地钻进了你的耳朵:

"这是您要的军用款曲率引擎。但是我搞不到军方真正的绝密引擎,它已经接近光速了,但还达不到。"

开 篇

曲率引擎？这是军用星舰专用的引擎，这难道是一场非法交易？

"嗯，这个勉强够用了，谅你们也找不到达到光速的曲率引擎——毕竟是举国上下只有两台的E级飞舰。"这回说话的是一个低沉的男声。

"不知您要这何用？"不知不觉地，你站定在了原地，大脑紧张地运行着。他们到底在密谋什么？

"你知道编号site-1712的星系探险队吗？他们正在寻找能量碎片。"你彻底愣住了，能量碎片是斯坦第赖以生存的基础能量来源，共有六片，散落在六个星球中，每一片都有独特的供能方式，也有独特的安保机关。"只要得到全部的能量碎片，我们统治斯坦第的时刻就不远了……"带着笑意的声音渐渐消泯，你还未来得及反应，就听到机器运行发出的脆响，接着再无声音。你冲进巷子，但那里除了黑暗别无所有。一阵从巷口吹进来的穿堂风让你后颈一麻。

巨大的恐惧不容你多想，你风一般闯进校门。他人也许不知，虽然你们学校看起来只是一所普通的中学，事实上却隐藏着一个神秘的组织。该组织人员平时伪装成学生，一旦遇到神秘事件，则会出手维护国家安全。

不到五分钟，一场紧急会议在多功能报告厅里召开。组织的首领将播放器递给一人，全息投影仪上闪出冰冷的白光。

"阿尔法，播放刚刚收到的紧急来信。"

一个平静的不带感情的女声响起："向所有能收到……的星球致意，我们并无恶意。如视频所示，星际叛军的铁骑即将踏入我们的星系，叛军总统……研发出了足以踏平我们星系的锁链设备来对全部可视宇宙实行高压统治，超粒子形成的锁链应该已经往我们这边来了，他们用量子干涉并封死了我们几乎全部的科技。请一定帮帮我们，应该只有两个月的时间了……这是我们的坐标……信号……"

"卡乌德利，斯坦第星系首领。"

"封存为国家军事一级机密，编号UDZ0au397，保持至3001年1月1日。"首领走上讲台，对着台下躁动的同学们点点头，"斯坦第星系已经危在旦夕。它的命运，将由在座各位决定……"

校园内鸦雀无声，空气中弥漫着焦虑和不安的气息。你们的舰队队员在指挥官的带领下穿过发射台，有序地登上"星系逆航万能号"，这台拥有光速般曲率引擎的飞舰。

你驾驶着战舰，载着队员出发了，毫无迟疑。你只知道，缓缓闭合的舱门外，是你付出生命也要保护的家园。

海博特星球

时间管理规划

角逐的时刻即将来到,为了能在竞技场上一骑当先,制订一份合理的时间管理规划吧!

阅读计划

打开书,
打开航行的路线,
走向远方,
跨越时间。

体育锻炼计划

随时锻炼,提高身体素质,增强意志力,才能奔波万里、收集能力碎片!

小组学习规划

快快找到你的同伴,一起完成项目,分享成长的快乐吧!

星系逆航

星系逆航万能号

"清点人数。"舰长向整装待发的队伍威严地说。"12个部门全部到齐!"有一人喊道。舰长便向包裹着船身的全息屏幕挥挥手,说:"驱动准备最终确认,安全密码SDFZ582。""总部收到,热能压缩导管确认,舰身确认,内部气压正常,空间折叠器预热……100%光速,驱动倒数,3、2、1!"所有人的内心都震颤了一下。

万能号以足够从黑洞逃逸的巨大加速度冲出银河系第三旋臂,奔向斯坦第星系。

地球上的人们看到:漆黑挤压着大地,满城的灯火像洒在黑天鹅绒上的水晶一般耀眼。黄昏时火烧云的一点残骸——一道淡红的光像一条在死水中深潜的鲤鱼。200光年外发射的巨炮,正以巨大的加速度直指斯坦第星系。

……

万能号的热能导管慢慢冷却下来,大家纷纷涌向舷窗,向外看去。一瞬间,人群又沸腾起来。窗外是行动的第一个据点,斯坦第星系中的海博特星球——一个散发着淡绿色光芒的星球。

海博特星球表面

万能号的三组侦察队率先登陆,队员佩戴的头盔上有摄像头,舰船内部的全息屏幕实时播放传来的画面。

30分钟后,几个尖状建筑物刺破地平线缓缓升起,又过了30分钟,一座现代化的城池展现在所有人眼前。突然,一行人围过来,众多热兵器的端口指向全息屏幕,舰船上的人紧张地听着队员用语言转换器冷静地向面前长相迥异的不速之客讲述来此的目的。

海博特星球

　　过了一会儿，热兵器的端口慢慢移向地面，语言转换器中模糊地传来声音："你们是从刚刚登陆的舰船上来的吧？虽然星际政府有令，但我们星系的星球都不会随便将能量碎片托付给你们的，既然有胆量来拿……"对方顿了顿，又继续说道："你们也要有能力保护它们。很快，你们就要和我们最精锐的战士在中央竞技场进行一场体力角逐，"他指向一座由全镜面反射晶体的穹顶包裹的建筑，"如果你们很幸运地赢了，那就让你们通往下一星球，还会释放你们这三队勇敢的侦查员。如果输了，恕不能如你们所愿。清楚了吗？在这之前，就得麻烦你们这三队队员和我们单独生活一段时间了。"他将热兵器的端口对准摄像头，万能号的全息屏幕上立即闪现出一片亮白的雪花。

　　舰长庄严地说："为了确保我们的队员平安归来，以及我们最终任务的完成，我将率领大家进行拉练，以应对将要到来的挑战。为了确保拉练的进行，我会严格管理你们的时间，如果有谁想要退出，我也决不阻拦。"人群一片寂静。

　　你明白，拯救自己的同伴，拯救星系，义不容辞。

　　此星球是你的"训练场"。在本次星际遨游中，你需要随时回到这个星球进行阅读、体育锻炼和小组学习，以汲取能量。

一 时间管理规划

与海博特星人角逐的时刻即将来到,为了在竞技场上取得胜利,你需要最合理的时间管理规划。

可以以多种形式呈现你的假期规划,例如列表、绘图、做笔记等,有关项目式学习的阅读、锻炼、小组学习等活动都可以记录下来。

请将你的时间管理规划呈现在遨游日志上吧!

二 阅读计划

打开书,
我像是站在海边。
像是打开了一道面朝大海的门,
静静地坐在门槛上,
细品蓝天。
或许关于水手的梦已经困倦,
文字是浪花,
渴望还停留在岸边。
岛屿像图片,
任凭思念搁浅,
知识是惊起的波澜,
情感像波涛漫卷,
思绪扩散。
打开书,
打开航行的路线,
走向遥远。
跨越时间。

必读书目推荐

《家》

星系逆航

选读书目推荐

1.《契诃夫短篇小说选（精装版）》
2.《时间的玫瑰》
3.《世上最美的溺水者》
4.《棋王》
5.《人性的枷锁》
6.《杀死一只知更鸟》
7.《马克·吐温短篇小说集》

电影推荐

1.《马路天使》
2.《十字街头》
3.《小城故事》
4.《大师——傅雷》
5.《家园》（法国）
6.《天使艾米丽》（法国）
7.《与狗狗的十个约定》（日本）
8.《独立日》（美国）

自制备选书单

1. _____
2. _____
3. _____

制作阅读曲线图

坚持阅读吧！在书中来一次长途旅行，漫步在心灵之路上，让美妙的文字与你做伴前行。将每日阅读的页数标记下来，踏进书香的海洋吧！

阅读书目：_____

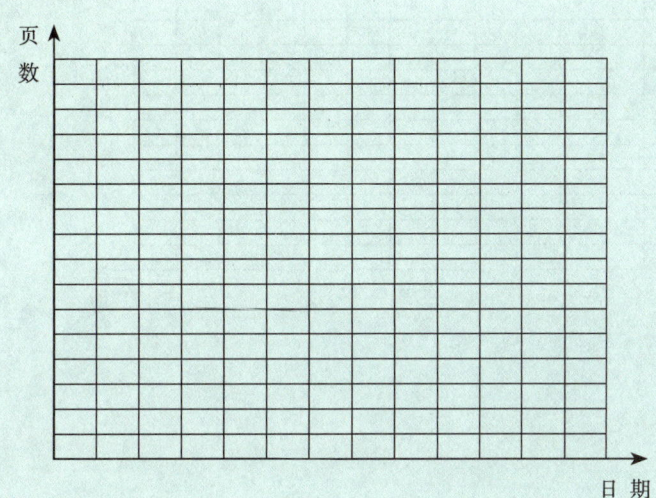

阅读书目：_____

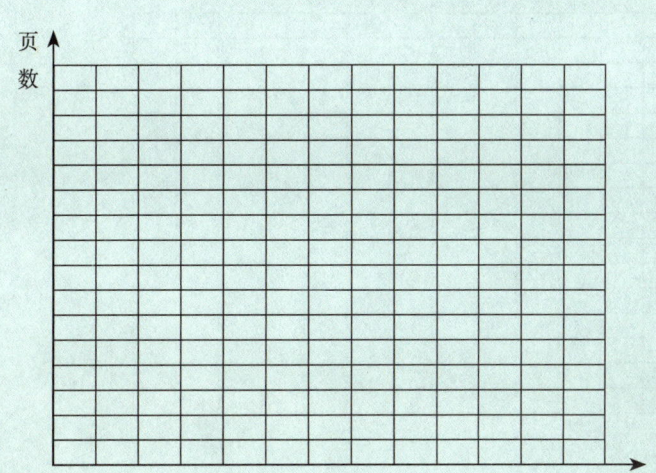

阅读书目：_____

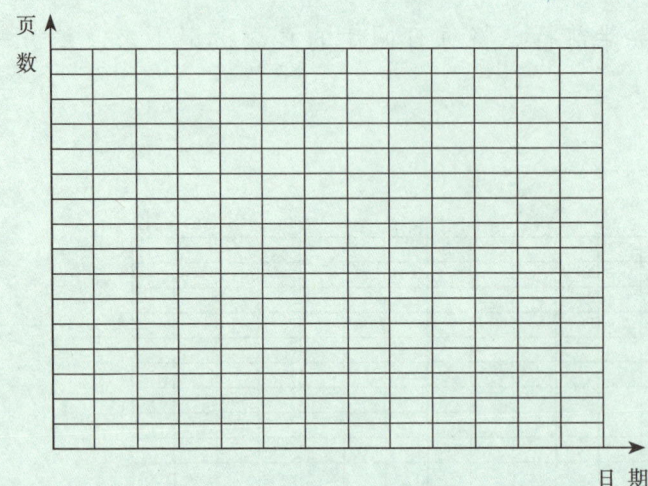

阅读书目：_____

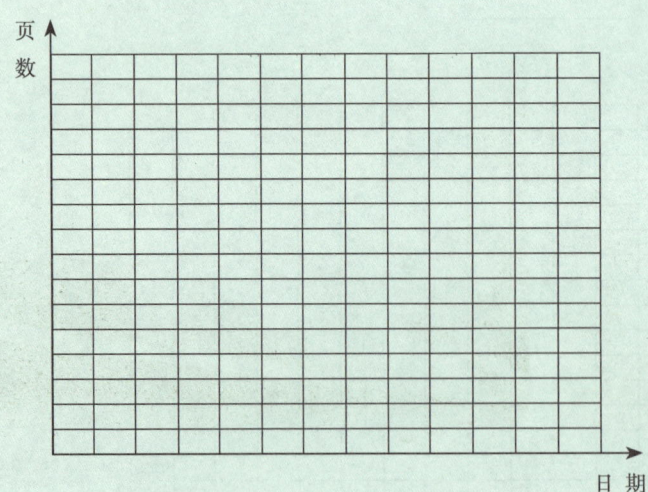

请将你的阅读曲线图呈现在遨游日志上吧！

三 体育锻炼计划

假期里，你可以通过运动强身健体，形成良好的作息习惯，从而磨砺意志。建议家长和孩子一起锻炼，愿人人都拥有健康的身体。

体育锻炼要求：

1. 每周有5～6天的锻炼计划，每次都保质保量完成。
2. 每次锻炼至少完成两项内容，俯卧撑为男生必选项目，仰卧起坐为女生必选项目。
3. 为了让孩子拥有健康的身体，请家长督促孩子合理制订锻炼计划。
4. 锻炼时家长应参与或监督，及时、如实地填写体育锻炼记录表并签字。

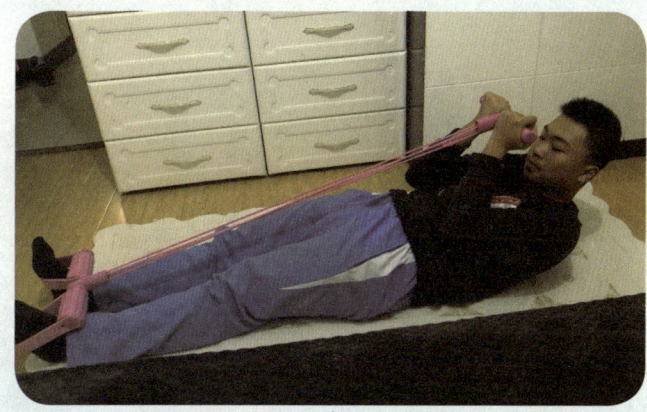

5. 锻炼所需器材请自备。

6. 返校时将体育锻炼记录表带回，班主任收齐后交到体育组。

7. 开学后进行测试。男生测试俯卧撑，女生测试仰卧起坐。

体育锻炼注意事项：

1. 锻炼前进行热身，气温偏高或偏低时不宜长时间进行锻炼，雾霾天气请在室内锻炼。

2. 饭前、饭后半小时内不要进行体育锻炼，不宜空腹进行。运动后不要大量饮水，饮水应遵循少量多次的原则。

3. 根据个人情况合理安排运动强度和密度，遵循循序渐进的原则。

4. 合理饮食，不要暴饮暴食，严格控制体重。

请参考后面的记录表或自制记录表，记录下你每天的表现并呈现在遨游日志上吧！记得拍摄每日锻炼的视频哦。（评估的主要途径）

体育锻炼记录表

第一周

锻炼时间	周一	周二	周三	周四	周五	周六	周日
锻炼项目							
锻炼时长							

第二周

锻炼时间	周一	周二	周三	周四	周五	周六	周日
锻炼项目							
锻炼时长							

第三周

锻炼时间	周一	周二	周三	周四	周五	周六	周日
锻炼项目							
锻炼时长							

第四周

锻炼时间	周一	周二	周三	周四	周五	周六	周日
锻炼项目							
锻炼时长							

体育锻炼记录表

第五周

锻炼时间	周一	周二	周三	周四	周五	周六	周日
锻炼项目							
锻炼时长							

第六周

锻炼时间	周一	周二	周三	周四	周五	周六	周日
锻炼项目							
锻炼时长							

第七周

锻炼时间	周一	周二	周三	周四	周五	周六	周日
锻炼项目							
锻炼时长							

第八周

锻炼时间	周一	周二	周三	周四	周五	周六	周日
锻炼项目							
锻炼时长							

四 小组学习规划

组建家庭互助小组倡议书

假期，离开了学校，如果一个人读书、学习，那也太孤单了。快快找到你的同伴，一起读书、学习，一起攻克一道难题、完成一个项目，分享成长的快乐。

为了最大限度地发挥家庭教育的力量，减轻孩子的孤独感，倡议组建家庭互助小组。

家庭互助小组秉持在生活中进行教育的理念，以同学、同伴为老师，父母为孩子提供学习的保障和支撑。

请注意，本小组本着自愿的原则，自由组合，并报备给各班主任。组建小组后，家庭成员确实有事情的可以不参加，也可以小组内自行协商。

星系逆航

家庭互助小组活动记录表示例

组　长	
组　员	
学习计划	
合作内容	

请将你的表格呈现在遨游日志上吧！

车尼斯星球

巴金先生的《家》塑造了觉民、觉慧、琴、梅芬等一众血肉丰满、个性鲜明的人物。在充满矛盾的社会背景中，他们因不同的身份、不同的选择走上不同的人生道路。你是否也被他们的经历深深吸引呢？

请把《家》的选段改编成剧本（或者根据对故事的理解重新创造情节），揣摩角色性格、体验人物心理，亲自上阵表演并拍成电影吧。

你们在海博特星球汲取了足够的能量,通过时间管理、阅读、体育锻炼和小组合作,身心都达到了最佳状态。你们在角斗中战胜了海博特人。于是,你驾驶着万能号飞舰带着大家急速驶向下一个星球——车尼斯星球。

看着脚下龟裂的焦土,你无论如何也不敢相信,这就是星球图鉴上美丽富饶、植被覆盖率高达百分之九十五的车尼斯星球。

你的眼前伫立着一颗巨树,枝干早已干枯扭曲,只有树冠顶端幸存着几株绿芽,仿佛濒死之人不甘的手臂,挣扎地伸向天空。树根处被挖了个大洞,触目惊心;你刚要靠近,能量探测仪就发出尖锐的鸣叫——显然,就在不久前,这里发生了一场巨大的能量波动。

车尼斯星球

你深深地叹了一口气,还是来迟了一步。

你的红外线生物检测镜突然有些异样,抬头一看,一群个头不及你腰椎、形似枯枝的生物已经把你围住,发出"簌簌"的奇怪声音。"好像风吹过树叶的声音啊!"你暗想,然后打开了腰间的生物语言翻译器。一个悲愤的声音瞬间穿透了你的耳膜:"你们还没抢够吗,强盗!"

眼见气氛渐渐凝重,你赶紧解释:"我们并没有侵略的意图。我们来自地球,目的是联合智慧生命与侵略者作战,保护我们的家园不受侵害。"你听到自己的语言也变成了"簌簌"的声音,"如果可以,我们会尽力帮助受到侵略的星球夺回能量碎片,恢复生态平衡。"

领头的生命体似乎正在揣摩你的话。寂静良久,他问:"你有什么证据?"

"我们会制作一段关于故乡的视频,请稍等片刻……"

请阅读《家》并且寻找车尼斯星球的通关密钥,把通关密钥发送到微信公众号后台,你就可以获得能量碎片A和能量碎片B,从而开启通往下一个星球的秘密通道。

星系逆航

当冬雪覆盖大地，当大街小巷上的年货叫卖声此起彼伏，当年的气息越来越近，人们便纷纷踏上了归家的路。家是人们心灵永远的港湾，无论离家多远多久，家是人们永远的期盼。

任务一　取得通关密钥

车尼斯星球的通关密钥如何取得？读完《家》后，通过问题提示推导出来。（以下每个代码的两个提示均指向同一个字母，解出一个即可）

代码一 →→

提示1. 觉慧在朱先生的剧本《宝岛》中扮演哪个角色？取其首字拼音的声母。

提示2. 觉民和觉慧觉得他们的大哥实行何种主义？取其第二个字的拼音的第二个字母，在英文字母表上找到这个字母，按字母表的排列顺序取其前一个字母。

代码二 →→

提示1. 书中有一种灯，遍体燃火，最后被烧得只剩下空架子，举灯人亦被烟火灼烫，然而为了喜庆——也为了自己的饭碗——须咬牙忍受。这种灯的形态像什么？取其英文的第五个字母。

提示2. 一共有几个人见证了瑞珏的死亡？在英文字母表里找到对应的字母（按照字母的排列顺序找，数字是几，就找第几个字母），取其后面第12个字母。

代码三 →→

提示1.觉民为了谁离家出走？取她名字拼音的第一个字母，将其水平翻转180°得到一个新字母。

提示2.瑞珏的哥哥寄来的挽联中共有几个字？把字数除以二，取英文字母表中对应的字母。（数字是几，就找第几个字母）

代码四 →→

提示1.她在凛冽的寒风中盛开，亦是觉新苦苦相思却不敢追随的人。她是谁？取其名字拼音的第二个字母。

提示2.在蕴华发起的"剪头发"的讨论中，共有几个有名字的女孩出现（包括她自己）？按照这个数字，找到英文字母表中对应的字母。

请输入通关密钥：___ ___ ___ ___（一个英文单词）

任务二 写剧本，拍电影

请把《家》的片段改编成剧本（或者根据对故事的理解重新创造情节），揣摩角色性格、体验人物心理，亲自上阵表演并拍成电影吧！

（一）故事发生的背景（或者地点、切入点）

在剧本改编（或情节创造）时，以具有本地民俗文化特色的一条街为故事发生的背景或切入点。

（二）剧本及表演要求

1. 原创，可结合书中原文适当发挥，切勿偏离主题。
2. 字数：1500～3000。
3. 分角色扮演书中人物，表演时必须脱稿。

（三）呈现方式

1. 将剧本呈现在遨游日志上。

2. 电影加入片头、片尾和花絮，时间控制在 5～15 分钟。制作完成后发送给班级指定负责人。

3. 可以直接在具有本地民俗文化特色的一条街上取景，然后拍摄（建议穿相应的演出服装）。如果条件不允许，也可以选择其他的场景拍摄。

注意事项：

如果你不想改编《家》，也可以选择以下图书改编成剧本并拍摄电影，但请选择在具有本地民俗文化特色的街上取景。

书目推荐

《朝花夕拾》《西游记》《骆驼祥子》《海底两万里》《红星照耀中国》《昆虫记》《傅雷家书》《钢铁是怎样炼成的》《艾青诗选》《水浒传》《儒林外史》《简·爱》

小提示

本星球为开启星球，通关密钥事关重大。大家取得通关密钥之后务必第一时间发送到后台从而获得能量碎片以到达下一星球，任务二电影的拍摄可以与其他星球任务同时进行。

车尼斯星球剧本拍摄记录单

小组名称	
组　员	
选书名称	
剧本简介	
角色分配	
排练感悟	

请将此表格附在遨游日志上

评价方式

车尼斯杯电影节

一、电影节公映

1. 入围电影公映：假期结束后，先由班级初评，再由评审团选出20部入围电影。入围电影在电影节期间进行公映，电影节持续一周。如：周一到周五中午安排入围电影公映，称为"电影周"。

2. 自主售票：所有入围电影在电影周期间均获得自主售票的资格，参赛队伍可设计精美电影票，设置合理票价进行出售，票房最终结果会张贴至学校公告栏处，最高票房电影即获得"电影票房冠军"。

3. 星际遨游日公映：票房前五名的电影会于星际遨游日在校园循环播放。

二、电影节颁奖典礼

由评审团选出最佳男女主角、最佳男女配角、最佳导演、最佳编剧、最佳剪辑、最佳服装、最佳场景设计等奖项，并在星系逆行游园会颁发"车尼斯杯奖"。入围电影主创团队均可以走红毯、签名，你们将会是聚光灯下的焦点！

星系逆航

"现在，可以把这里的情况告诉我们了吗？"你小心翼翼地问。那段枯枝悲伤地点了点头。"侵略者夺走了生命之树的'树心'。"它凝视着那棵巨大的枯树，声音颤抖，"生命之树是我们星球能量的总来源，也是我们的母亲。车尼斯星球上所有的居民，都是由它演化而成的；它的树根遍布整颗星球，生长出一棵棵新的树，我们是新生树木的守护者——这便是仁慈的母亲允许我们存在的理由。"

"你们眼中的木本植物，其实也是具有智慧的生命，也有自主的思想和情感，只是难以表达；几千万年来，我们相依相守，早已进化出心灵沟通的能力。"它的声音徒然拔高，充满了愤怒，"可是侵略者杀死了它！他们不知用了什么方法，奴化了我的同伴，使我们自己摧毁了赖以生存的家园，资源几乎被掠夺一空；最后，他们取出了母亲的心脏……生命之树已经死了，整颗星球渐渐由鲜活到枯萎，最后将因能量不足而毁灭。"

"我们已经时日无多了。"焦黑的土地仿佛也在苦苦倾诉着。

你轻轻蹲下来，拿出能量瓶，把它放在生命之树旁边，奔涌而出的能量罩住了生命之树的活枝，使它尽量保持活力。你严肃地承诺："等着我们，我们一定会夺回生命之树的树心，拯救这颗星球！"你登上飞舰，打开航行日志，在上面飞速记录着：

敌首普兰德怎么能改变智慧生命的思想？或许这是"致幻"的力量？看来我们以后要多加小心了。

普兰德到底想要什么？如果只抢走资源还可以理解，可能量碎片是无法直接利用的。离开它的初始结晶环境，它会变得极不稳定，其发出的巨大能量会毁灭试图容纳它的一切已知设备！可"致幻"是否能承受住能量的冲击？这个问题必须查明。

已经有一颗星球惨遭掠夺了，在我们视线无法触及的地方或许还有更多……我们要加快速度！这是光明与黑暗的赛跑，是正义与邪恶的肉搏，星系逆航万能号绝不能输！

桀骜百乐非星球

还有一部分能量碎片隐藏在地壳中，你需要设计一种鸟类，以应对变幻莫测的地质环境……

这个星球马上就要迎来星核氢变的活跃时期——板块将发生大规模的运动……

星系逆航

"在这个星系里,也许我们忽略了什么。"

"清点人数,标记本据点,成功提取能量碎片。"舰长通过磁振扩音器语调上扬着宣布。他走向一个由强互作用力保护的保险箱——"第一层确认,"机器那优美的女声响起,"视网膜通过。""第二层确认,"舰长语调平缓地说出密码UDZ0a61。"第二层通过。""已收录三分之一的能量碎片。"

舰长舒了一口气,脸色随即阴沉下来:"据新宇宙图像显示,叛军部队和我们的径向距离缩短至0.3光年且保持超光速前进。"顿了一会儿,便又宣布:"驱动效率,100%,下一据点,生物、地理星球。"高强舷窗外,星河被拉成流动的色带,忽然,色带开始分裂,形成一个个色块,逐渐凝为迥异的景象,大小似太阳的星体残骸融为白雾迷失在周围。

桀骜百乐非星球　轨道

这颗淡蓝色的星球非生物辐射量达 4000 居里，据飞舰上的扫描仪器测定，这颗现代科学无法定义的星球一天可以颠倒南北磁场 1 次，气压不过 400 毫米汞柱。

令你欢欣的是，遥感仪忠诚地向你昭示着能量碎片在这里存在的必然性——碎片在强大的能量共振作用下分崩离析，均匀地散布在了星球的地壳中。

可是，就算用上你们全部的人力，夜以继日地工作一个世纪，都不能从这几万亿吨的杂质中离析出分毫能量碎片的粉末。你不禁战栗了一下，用手托住下颚——好似一道光在你脑海的暗夜中闪现——顿时思泉涌现。你用笔在纸上画出一张生物网，奇怪的是，你看到本来分裂的能量碎片的粉末慢慢在一个生物体内合成整体……

这颗星球在你的脑海中演化、分解成一个个抽象的波函数，无数的数字代号好似连为一片海洋。一阵波澜起伏后，它们转瞬坍缩为星罗棋布在生物网节上的一条条生物的源代码。

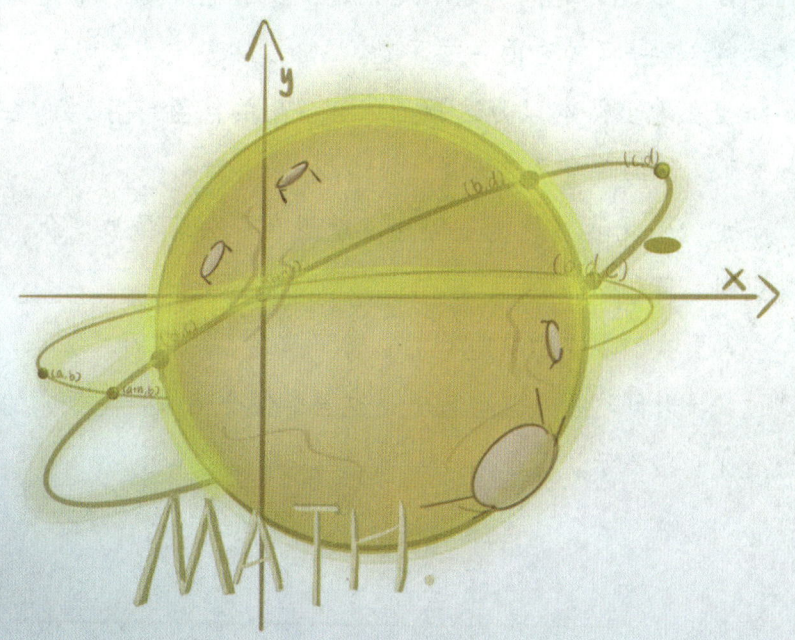

星系逆航

"还有鸟类,"你自言着,"现有数据不够,必须现在就去星球表面实地考察。"通过一米厚的高强舱窗,太空的景象仍能真切地传到你的瞳孔中。能量碎片的残留粉末在行星表面如星辰闪烁,你拍拍身上的泥土,向嘴边的信息接收仪说道:"打开二号舱门——申请登陆星球表面,安全密码——UDZOa31。完毕。"

桀骜百乐非星球　表面

你走出飞舰,左顾右盼地欣赏着这个全新的世界,突然,人声响起,你不禁哆嗦了一下——

"你是从哪里来的?"

"……太阳系。"

"太阳系?"

"地球……"你补充说。

你马上想起来你的任务。"我是来找能量碎片的,探测仪显示这颗星球有能量碎片,你之前有看到过类似的东西吗?"那人笑着说:"我倒是见过流星。"你不甘心地继续问:"你见过完整的能量碎片吗?"那人犹豫了一下,说道:"说不定见过,不过它看起来不是很特别,估计被我们这里一只神奇的鸟吃了吧。"

你瘫坐在地上,本以为这颗星球有备用的能量碎片,可备用的碎片被鸟吃了,你的希望又破灭了。

"不过……既然它是能量碎片,就不会那么容易被消化,我们也许可以找到那只鸟……"

"去哪里找?现在白雪皑皑的,哪里有鸟?"你问。

"过一段时间这里气温会回升,这只鸟便会回来。关于它的样子,我只能给你一些提示。"

提示 1. 它与古代诗人_____（能量碎片 B）写的一首七言绝句诗有着不解之缘，它与泉城济南也有着千丝万缕的联系。

提示 2. 它是一种涉禽。想象一下它的足蹼是什么样子并画出来。

提示 3. 它喜欢食用湖中的鱼虾。想象一下它的喙是什么样子并画出来。

星系逆航

提示 4. 它的腿可能比较_____，它的脖子可能比较_____。发挥一下想象，填空并画出来。

不久，气温回升，你见到了那只神奇的鸟。你恍然大悟，原来它是_____。（这是本星球的通关密钥，请将答案发送到微信公众号后台，即可获得开启麦斯星球的 能量碎片 C_1 和能量碎片 C_2）

"这里的地质环境变幻莫测，这颗星球马上就要迎来星核氢变的活跃时期，板块将发生大规模的运动，板块之间的挤压碰撞将使地表以每秒 1×10^{-2} 米的速度上升。"神秘人说道，"如果你能完成以下任务，我将为你补充供给，使你在遨游途中无后顾之忧。"

任务一

发挥想象，绘制桀骛百乐非星球的地形剖面图，并描述一下气候、气温、降水、土壤、水源等情况。想一想，如果这里的气温受海拔影响，海拔每上升一米气温便下降 0.6℃，那么山顶的气温会是多少？

任务二

发挥你的想象，绘制一种鸟，从喙、足蹼、羽毛等外形特点以及骨骼、肌肉、消化系统、呼吸系统等方面入手。

制作用纸大小为 8 开。另附说明，例如：×××（鸟的名称），涉禽，喙细长以便觅食，肉食动物等。若内脏结构特殊也可以单独画一下内脏的样子。描述其特点和结构是如何助其适应环境的。

参考资料

纪录片《鸟类》、《鸟类的秘密生活》（2012）全 5 集、《迁徙的鸟》、《飞禽传/野鸟世界》（1998）全 10 集、《蜂鸟信使》。

评价方式

鸟类绘画作品拍卖会

1.现场拍卖：星际遨游日当天，在校园内设置鸟类绘画作品拍卖场地，可面向全校师生现场拍卖，收入归创作者所有。

2.竞价拍卖：评选出优秀作品，进行竞价拍卖，作品由出价最高者获得，收入归创作者所有。

鸟类绘画作品走廊

建议将优秀作品装裱起来，学校将专门设计一条走廊用于展示。

请在画的下方配备一个收款的二维码，师生可以通过扫描二维码直接付款给创作者（标注纸质版购买价格和电子版使用价格）。

巨嘴鸟

鸵鸟

鹦鹉

鹈鹕

丹顶鹤

星系逆航

尾声

你得到了能量碎片,你成功了!

你捧着那块炽热的碎片,把它带进了飞舰。

你向那神秘人声传来的方向问道:"你到底是谁?"

"我已经是个老头了,我不能随你们去了,但谢谢你们创造了如此生机勃勃的鸟类,能让我再快活几万年了,祝你们好运。"

飞舰迅速启动——冲出气层,冲出辐射圈,进入宇宙,两块碎片闪现出耀眼的金光。

——桀骜百乐非星球,任务完成。

麦斯星球

"研究哥德巴赫猜想的一个新尝试……摘取数学王冠上最璀璨的宝石……"哥德巴赫猜想?你差点叫出声来。在那里交谈的几人好像觉察到了什么,压低了说话声音,你再也听不到任何声响了。你屏息凝神,一夜无眠,麦斯星球的太阳又升了起来。

很快,你凭昨晚听到的声音的方向找到了那几人交谈的地方,发现只有一本册子在地上。你把册子捡起来看,发现封面竟然是一张布局图……

星系逆航

麦斯星球轨道

你正在飞舰上小睡，忽然飞舰发出了提示音，你醒了。"已到达目的地麦斯星球轨道，大气监测准备开始。"你揉了揉眼睛，站起来活动了一下四肢。透过巨大的舷窗，你可以看到下面灯火通明的麦斯星，它正在缓慢转动。渐渐地，星球表面上的一个巨大的凹陷出现在你的视线。紧接着，凹陷的正中心逐渐变成鲜艳的绿色，这让你想起了地球上人们熟悉的一部电影《星球大战》中的死星。

"嗯？死星？"你似乎明白了什么，大喝一声："加速脱离麦斯轨道！"可是当飞舰上用于近太空航行的等离子体发动机刚刚开始运作时，一束无比鲜艳而迅捷的激光正中舰船的曲率引擎。紧随其后的，等离子体发动机也爆发出了一阵绚丽无比的光芒，飞舰直直撞向麦斯星球表面。

麦斯星球表面

你勉强睁开双眼，尝试打开飞舰的舱门。极其坚韧的合金材料使飞舰在从大气层坠落下来的过程中几乎安然无恙，但主电脑似乎一蹶不振了。"这可真不是个代替降临的好办法。"你想。紧接着你检查了一下飞舰的大体情况，除了两台发动机和主电脑之外，其他部件没有受什么影响。修修补补大约四五个小时，麦斯星球的黑夜降临了。你用氧合成打火机点燃周围的几根干柴，生起篝火，在异星的第一夜，你不敢入眠。

突然，一阵窸窸窣窣的脚步声从稀疏的树林中传来，越来越近。你如同猎豹嗅到猎物的气息那样绷紧了神经。你耳中的听力强化器又一次捕捉到了什么。"研究哥德巴赫猜想的一个新尝试……摘取数学王冠上最璀璨的宝石……""哥德巴赫猜想？"你差点叫出声来。在那里交谈的人好像觉察到了什么，压低了说话声音，你再也听不到任何声响了。你屏息凝神，一夜无眠，麦斯星球的太阳又升了起来。

很快，你凭昨晚听到的声音的方向找到了那几人交谈的地方，发现只有一本册子在地上。你把册子捡起来看，发现封面竟然是一张布局图（山东大学中心校区校园手绘布局图），后面还有一首诗：

　　七珠散落校园中，
　　斗转星移等边成。
　　原点一得乾坤定，
　　牛郎隔望织女星。

山东大学中心校区手绘布局图

星系逆航

你和队员们决定在麦斯星球上多逗留几日。白天,你一边警惕偶尔走过的卫兵,一边手忙脚乱地把飞舰的电源接通,手动开启隐形模式。很快,夜晚又一次降临了。"麦斯星球的自转速度似乎比地球快一些。"你嘀咕着,裹紧了身上的大衣。你打开了耳中的听力强化器,竖起耳朵倾听林子里的风吹草动。

"要开启全新的历程,首先就要下决心探索新知。我知道一个人①,据说他上中学时数学成绩并不好。但进入高中后,他的视野日益开阔,数学有关的知识格外牵动他的神经。在读了别莱利曼的《趣味数学》和华罗庚的《数学归纳法》后,他惊讶地发现数学世界的奥妙。1971年他入读山东大学物理系。在课外自学的过程中,他逐渐发现自己更喜欢那些具有独创性的东西。学完热力学的内容后,他忽然冒出"双曲复变函数"的新想法。从他的成长经历中,我更加体会到'温故而知新'……地点A……"

"……下一个地点H,与山东大学毕业的另一位数学家②有关系。他上大学的时候,我们有过一些有关学术的研讨与交流。他不仅在数学上有诸多成就,还是一位诗人以及作家。我这里有他的一本书,没准你们能找到答案。

《我的大学》一书是这位教授忆及在山东大学的求学与成长经历而写下的回忆录,是对世界的最初触碰与感知,充满着独属于那段青葱岁月的年代感与气息。再往后翻,书中夹着一个书签,教授写道:'我念书那会儿,同学们课间常在小树林相聚,有一种无形的力量引导着

---

① 彭实戈,中国科学院院士,曾任山东大学经济学院院长、数学研究所所长、金融研究院院长,教授、博士生导师,长期致力于随机控制、金融数学和概率统计方面的研究。他和法国数学家Pardoux(巴赫杜)教授一起开创了"倒向随机微分方程"的新方向,用于研究金融产品定价。

② 你能知道他是谁吗?＿＿＿＿＿＿

我。山大教会我质朴、勤奋、机智、向上，还给了我一副良好的体魄。我人生第一篇数学论文、第一首诗和第一篇随笔，都在这里完成。'"

"这里又是一个地点！"你愈发激动了。

"在中国数学界有一对著名的师徒，师父③主要从事解析数论、典型群、矩阵几何学等方面的研究，开创了中国数学学派并带领学派达到世界水平，是中国在世界上最有影响力的数学家之一。他的得意门生④因研究哥德巴赫猜想闻名于世。有意思的是，这两位数学家都曾经在同一个地方，地点C，做过管理员，在那里，他们不仅解决了自己的生计问题，还成就了自己的学业。这个地方大学里都有。"

你从衣服口袋里拿出了你的文物笔记本和笔，凭你模糊的记忆记录着：

　　A、H、C三珠已定，斗转星移等边成！
　　斗转星移，满天星河绕林转；
　　A、C对应，标D、E。
　　如何转动如何移？
　　且看百乐非碎片C_1！

天马上就亮了，众人交谈的声音渐行渐远，你偶尔能听到一两句：

"我每天清晨5点起床，先去地点F，做一遍健身操，约一刻钟；然后学习一小时，就进早膳。下午工作完毕，坚持步行二至三千米以上；雨天，则上下楼梯代替。数十年如一日，其实我不懂什么养生之道，只是平常生活有规律，并注意体育锻炼而已……"

---

③请你为两位数学家补充简历吧。

_____，_____

④_____，_____

 星系逆航

"原点—得乾坤定,牛郎隔望织女星……原点—得乾坤定,牛郎隔望织女星……"你嘀咕着。

EF、HD 分搭桥,

N 点正是两桥交。

牛郎织女隔银河,

桀骜碎片 C_2。

"这时候你就能找到那里,密钥就是它的名字……"声音渐渐消失。

你看着笔记,在上面快速地作着图。

终于,你在山东大学中心校区布局图上找到了那个地方……

于是,你将本星球的通关密钥(在地图上找到的建筑物名称)发送到了指定的微信公众号后台,后台回复了你开启下个星球的 **能量碎片 D**。

请将你的解题思考过程和定位作图过程附在你的遨游日志上。

 小提示

请有条件的同学到山东大学中心校区该建筑物前面,你会找到一个固定着的"庞然大物",而在"庞然大物"上面你会找到一个有关古地质年代的秘密!如果你找到了,记得跟"它"合影,并把合影附在遨游日志上。

地球

你想回到地球,但是,飞舰坏了,这可怎么办呢?

突然,你眼前一黑,失去了意识。

醒来后,你发现已经被神秘的力量传送到了校园里,身旁有一个须发俱白、慈眉善目的老人。他的衣服很奇特,前面的图案是一副弦图,后面是一个算数平均值—几何平均值不等式,袖子上则印着环状排列公式。老人说:"孩子,你已经得到**能量碎片D**。我和朋友们不敢在麦斯星球上明说,只能在夜间偷偷交谈,透露些许线索。现在还有一个小小的考验,你需要实地找到这些地点,数学的力量应加之于你的身上!"

你得到了山东大学中心校区的布局图,并结合布局图和提示找到了实际的地点。现在请你尽情发挥创造力,以**你所在学校**的布局图为蓝本,完成以下任务之一。

任务一　设计夺宝地图
任务二　设计定向越野任务地图

请将夺宝方案或定向越野任务方案用文字写下来,将它呈现在你的遨游日志上。

一阵风刮过,老者消失了,只留下一句话和一张全息照片:"我们帮你挡住了这个人,还修理了你的飞舰。如果没猜错的话,他也想要能量碎片吧。孰善孰恶,显而易见!"普兰德无奈的表情在被激光击中的飞舰爆炸后发出的强光映照下格外显眼。

评价方式

现场夺宝和定向越野大赛

1. 现场夺宝大赛：优秀方案入选星际遨游日现场夺宝活动的方案。

2. 定向越野大赛：学校会根据同学们设计的方案举办本校区的定向越野大赛。

一路逆航，离开麦斯星球之后，克里奥星球和菲斯克星球可以任选其一挑战，都可获得能量碎片E，抉择吧，战士！

克里奥星球

从克里奥星球神秘人提供的线索中，推断出与山东大学或原齐鲁大学有着深厚渊源的历史学者分别是谁，将名字以例如"孙悟空＋猪八戒＋唐僧＋沙僧"的格式发送到微信公众号后台，以获取能量碎片E。

【前情：在寻找克里奥星球时被攻击了】

克里奥星球轨道

突破封锁后，你终于驾驶着飞舰来到了这里。

飞舰下方有一个毫无生机的深棕色球体，在超广角长焦镜头的无限放大下，你可以清晰地看到其表面覆盖着数以千亿计的巨型金属片。你对比了宇宙探索手册，发现这颗星球与附近闪着"战争中"字样红光的其他星球截然不同，呈现出棕色，上写"已枯竭"。与它的颜色形成鲜明对比的，是它的名字——"克里奥"。

"满足直接降临条件。""降临程序开始！"量子分解仪开始预热，你走到了分解仪的托盘上。

克里奥星球表面

几分之一毫秒后你的双脚已经站立在了克里奥星球的表面。与地球相比，克里奥表面的温度和重力都有一定程度的降低，体感温度大约是16℃，重力是0.8G。这里本来是一个以硅基生命为主要生命形式的星球，因为上亿年的漫长战争，星球资源被过度开发，整个内核都被抽空。科技更加先进的敌人采用了危害更大的杀伤性武器，所有生命无一幸免。

在你的面前，暗红的光芒一阵闪烁，一位仪态端庄、面孔苍老而美丽的女子出现了。她缓缓说道："百年山大，'文史见长'，历史系的'八马同槽'堪称史坛一段佳话。你可能不知道，趵突泉校区的前身可以追溯到1864年创建的登州文会馆，其后来发展为齐鲁大学。1930年，齐鲁大学创办了闻名遐迩的国学研究所，将历史研究推向了新的高度。1952年，齐鲁大学撤销建制，校园旧址就是今山东大学趵

突泉校区。有四位与山东大学或原齐鲁大学有关的先生（历史学者），现在根据我提供的相关线索，推断出每位先生的姓名吧。"

第一位先生

线索1：能量碎片D。

线索2： 他曾在27岁那年发现我国一处具有重要历史价值的新石器时代遗址，一时间轰动全国。

线索3： 全民族抗日战争爆发的当年，他结束了在国外优裕的博士生活，毅然回到国内，在抗战大后方从事考古发掘工作，为抢救我国的历史文化遗产作出巨大贡献。

线索4： 由于积劳成疾，济南解放前夕，正值盛年的他因病医治无效逝世，留给整个中国考古学界无尽的哀思和遗憾。

第二位先生

线索1： 他与第一位先生曾是同事，并且与著名作家老舍先生私交甚笃，有一段时间他的办公室就在老舍先生的对面。

线索2： 他在秦汉史、明清史、中西交通史等多个领域有着非常出色的研究成果。

线索3： 他不仅著有大量的历史著作，还培养了一大批优秀的历史学家。山东师范大学著名历史学家安作璋就是他的得意门生之一。

第三位先生

线索1：就在第二位先生完成硕士论文的当年，他考入山东大学，开启了一段短暂而难忘的求学之旅。

线索2：他出生在南方一座以盛产火腿而闻名的城市，后来他旅居国外，在历史学界有着非同一般的地位和影响。

线索3：他虽然身处异乡，却心系祖国，曾与杨振宁先生一道成为中美关系正常化后首批应邀访华的知名学者。

线索4：在他百年诞辰之际，中华书局出版了一套五本装的他的著作集，涉及思想史、人口史、土地制度史等诸多领域，全面反映了他在学术上的主要成就。

第四位先生

线索1：他曾对某一朝代的多项制度有着开创性的研究。

线索2：他在研究中有许多创新性的见解，初中历史课本中关于"商鞅变法"内容的表述就因他的研究成果而有所改写。

线索3：他的这些研究，集中在一部历经多方周折才得以最终出版的绝版书籍中，这也是他唯一的一部当代著作。第三位先生曾在一次演讲中引用了其著作中的大量内容。

星系逆航

推断出每位先生的姓名后，还有任务要完成。

任务一

了解第一位先生发现的最有代表性的文化遗址。（建议实地考察，在该遗址前合影并附在遨游日志上，如果不能前往，可在网络、书籍中找到相关图片）

任务二

老舍先生当年曾写过一篇题为《大明湖》的长篇小说，可惜最后没有留存下来。请以小组为单位，通过口述采访和文献查阅等方式，想办法研究一下老舍先生这篇已经失传的作品，写一篇简短的研究札记。札记的字数不限，必须注明引文的出处，保证学术规范。将札记呈现在遨游日志上。

任务三

第三位先生当年写过一部回忆性质的书，其中有一章写的就是山东大学。以小组为单位找到这本书，摘抄这一章节的精彩内容，写一写体会和感受，呈现在遨游日志上。

评价方式

"谈谈山大的先生们"报告会

在星际遨游日当天,学校会举行"谈谈山大的先生们"报告会,请同学们以小组为单位采用演绎或讲述的方式讲讲先生们的故事。

星系逆航

克里奥星球轨道

"终于拿到能量碎片了！但是怎样战胜普兰德呢？"你在星系逆航号上思索着。"这样吧，我们先打开能量探测器看看，是否可以检测到比较大的能量波动。"你的话音刚落，飞舰上的警报就不合时宜地响起了："警报，有一艘飞舰正以接近光速的速度逼近这里！"你大喝一声："普兰德来了！走，这一点点距离他很快就能赶上！"

星系逆航号的曲率发动机迅速开始发动，真空中荡漾起一圈圈水样的波纹，但普兰德已经发现了你们……

菲斯克星球

你向将军详述了普兰德如何通过收集能量碎片制造"致幻"以控制全宇宙的生命。将军一边听,一边连连点头。

我们拥有能量碎片E,但我还需要传授给你一些独特的能量碎片D之力,如此你才能与普兰德抗衡。

【前情：与普兰德在太空中追逐】

菲斯克星球轨道

"终于有一个一看就有生命存在的星球了。"你长长地舒了一口气。"有人发来量子通话请求，正在统一通信协议。"这似乎是第一个技术水平与地球接近的星球。你说道："接通。"随着投影仪开始运作，一个外貌看起来与人类别无二致的生物出现在了你的面前："远方的客人，欢迎。依我之见，您是从地球来的吧？有何贵干？"你答道："确实如此。我此行的目的，还是为了寻找贵星球上的能量碎片。"菲斯克人瞬间变换了一种形态，看起来与之前一模一样，但你能清晰地感受到他身上流露出来的杀气。"不好意思，我们不能轻易把能量碎片给你，说不定我们还会被你骗了。"你连忙回应："不会的，你知道普兰德吗……"你把普兰德的面貌、身材向对方详细地描述一番，菲斯克人陷入了一种奇怪的迷惑状态。

"待我降临，与你族细细分说。"

菲斯克星球表面　中央大峡谷

你根据菲斯克人提供的位置坐标，直接降临到了对方的政治中心——中央大峡谷。《星图》记载，这条峡谷巨大无比，为菲斯克星上的主要居民区。这颗星球上的生物也是碳链组合的碳基生命，平时外观类似于人类，但在特殊情况下可以依托于自己只有软骨的特性，控制自己的肌肉化形成其他形象。刚才与你通话的那个菲斯克人向你介绍这颗星球："将军是我们的军事长官，行政机构则是议会。王室守护着能量碎片，同时也掌握了 **能量碎片 D** 之力。"

说着说着，你们便来到了将军府前。向导伸出双手念诵咒语，只见发出绿光的能量推动高大的正门徐徐打开。"献丑了，这是我的一点**能量碎片D**力量。"向导解释道。在门厅里等候没多久，就有一个侍者装束的菲斯克人出来说："有请。"你转身看了向导，他会意地说："请自己进入。"

菲斯克星球表面　将军府

你向将军详述了普兰德如何通过收集能量碎片制造"致幻"以控制全宇宙的生命。将军一边听，一边连连点头。"我们拥有**能量碎片E**，但我还需要传授给你一些独特的**能量碎片D**之力，如此你才能与普兰德抗衡。如果你完成下面几项任务，并且制作几种来自地球的**能量碎片D**（食物相关）得到我的认可，你就可以得到强大的**能量碎片D**之力去和普兰德对抗。"

任务一

有这样一个故事。从前，一个年迈的老婆婆长期咳嗽，后来听说姜汁可治咳嗽，便让媳妇给她做。但姜汁太辣，老婆婆无法喝下去。有一次，媳妇不小心把牛奶倒入装姜汁的碗里，奇怪的是过了一阵子牛奶就凝结了，老婆婆喝了后顿觉满口清香，第二天病就好了。因此这种混合了姜汁的牛奶就流传开了。（这种混合了姜汁的牛奶的名称就是本星球的通关密钥，请将其名称发送到微信公众号后台，如果密钥正确，后台会回复你开启下个星球的 能量碎片 E。）

冬季是感冒咳嗽多发的季节，这种奶美味又健康，非常受欢迎。此外，四季皆可、老幼皆宜的双皮奶也是世间美味。这等美味是怎样做出来的呢？了解制作过程，并尝试制作。

要求：拍照记录制作环节，把各环节照片附在遨游日志上。

任务二

制作豆腐（小组合作，3～4人一组）

步骤：

（1）处理原料

（2）磨豆滤浆

（3）煮浆点浆

（4）压豆腐

处理原料与磨豆滤浆相对比较简单，关键是第三步，煮浆点浆。在滤完浆之后，就要把生浆煮沸并放入点卤剂。

点卤剂选择要求：探索生活中的调味品或水果、饮料等，自己控制量，进行实验，尝试制作点卤剂。保证安全、可食用。切记不能用卤水。

小组合作，多次实验，填写下表。

试验次数	点卤剂		是否成功	所用时间 （从点浆到成型）
	种类	数量		

要想做出好吃的豆腐，压豆腐可是很关键的，这直接决定了豆腐的软硬程度。如图是一种压豆腐的工具，这件工具是用什么原理制作的呢？研究一下，并制作一件属于你自己的压制工具吧！将工具的照片附在遨游日志上。

要求：省力。

安全提示：用火、用电、用工具时，请在家长的陪同下进行。
制作完成后不要忘记写一下它的制作原理及使用说明。

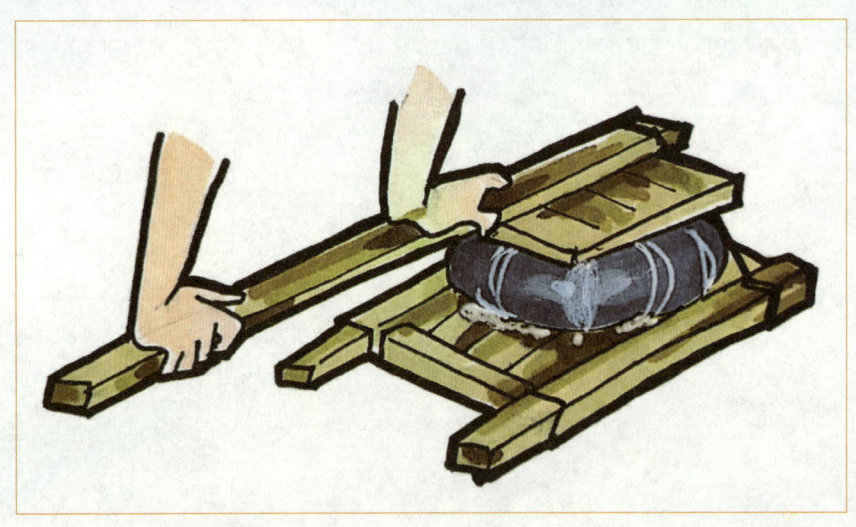

任务三（选做）

因为菲斯克星球的来访者献给将军的物品千篇一律，所以，你需要自己制作一种独特的**能量碎片 D**（食物相关），以得到将军的青睐。如果你完成了任务三，请把以下内容附在遨游日志上。

材料准备	
制作过程	
启　发	

菲斯克星球表面　将军府

"将军,我完成了所有任务!"经过数天的钻研,你又回到了将军府。将军回道:"非常好,我会兑现承诺,传授给你**能量碎片D**之力,但真正做到融会贯通,还要在战斗中心有所念。"万事俱备,只欠东风,你决定不再耽搁,立即动身追赶普兰德。

茫茫太空中

你与普兰德的距离越来越近,你的**能量碎片D**力量也在不停地提醒你进行攻击。终于,你追上了普兰德。"你!又来坏我好事!"普兰德大吼。紧接着,他提着一把寒光凛凛的长剑跳出了飞船。"这就是'致幻'的原型武器,现在让你尝尝它的厉害!"一剑劈下,你感觉身边的世界不再是过去的世界了。刹那间,所有的物理定律、化学原理都失效了。你运作起**能量碎片D**之力。

【完成下面的任务以使**能量碎片D**之力融会贯通】

原理探究

从化学的角度来讲,点豆腐的过程实际上是**能量碎片D**聚沉的过程,其原理是什么?除了聚沉,**能量碎片D**还有电泳等现象,可以用渗析的方法提纯**能量碎片D**。请尝试探究**能量碎片D**的性质,并将探究过程呈现在遨游日志上。

在生活中的其他现象或应用

能量碎片D在生活中是一类很常见的物质,血液、鸡蛋清、雾等都属于**能量碎片D**。请查阅资料梳理**能量碎片D**聚沉现象在生活中的应用,尝试解释原因,并将探究过程呈现在遨游日志上。

评价方式

美食展

1. 星际遨游日当天,学生将做好的美食带到学校的美食展厅,可以自由摆摊售卖,收入归制作者所有。

2. 完成作业的过程性照片和视频会在当天进行展览和循环播放。

茫茫太空中

你看到磅礴无比的蓝色力量从你的双手倾泻而出，缠绕到"致幻"身上。只听一声轻响，一片晶莹剔透的蓝色碎片跟着能量体回到了你的手上。"后会有期！"你急忙跳进飞船，准备赶往下一个星球。

菲斯克星球表面　将军府

"我感受到了，能量碎片落入了善者之手。"将军在房间里欣慰地低声说。送你来到这里的向导回应道："嗯，理所应当。我从一开始就知道，他不一般啊。"

英格里斯星球

集合全年级的力量，用小组合作的方式来完成一本英文版的《天南地北年夜饭大全》。

不仅能了解各地年夜饭的制作，还能编写一本英文版年夜饭食谱，还等什么，行动起来吧！

星系逆航

普兰德向你们追来，可0.3%光速的速差还是把你们之间的距离越拉越大。普兰德眸中闪过危险的光。他吩咐手下道："把'树心'带来。"

你暗叫不好。"树心"是普兰德手中唯一的能量碎片，与"致幻"的磨合时间也是最长的。这次，他确实押上了最后一张底牌。

从飞舰的光子传感镜中，你看到普兰德端起"致幻"瞄准了你们。你抓起操纵杆，开启防护罩，左避右闪、蛇形走位，勉强躲开了普兰德的几次攻击；情况不妙，你必须尽快想到逃离的方法。你按下飞舰控制台上的黑色按钮，强行扭曲了时间虫洞；随着一道巨大的白色闪光，星系逆航号进入了平行宇宙，在普兰德的眼皮底下消失了。

还没等你松口气，飞舰的显示屏突然亮起红灯——在这个未知的时空中，一股强大的吸力正渐渐逼近。你稳住飞舰，慢慢飞向吸力的来源。黑色的宇宙中，你只能看见某个红色的光点；不，那不是光点，那是一只赤红色的巨兽！它张着嘴，把周围的星球吸进它那无底洞般的腹中。舱内响起了阿尔法的声音："扫描完成，资料调取完成。此兽名为饕餮，幼年曾在中国生活，吞噬天地、从不餍足。"

"了解。"你打开了生物语言翻译器，冲着那巨兽发射声波："我们是

过路的旅客，请你暂时停止对空间释放的吸力，让我们通过！"

饕餮闭上了嘴，傲慢地盯着你，"自从我被驱逐到这里，还没有什么能从我嘴边逃走，你们又凭什么成为先例？"

"我们可以给你提供更美味的食物。如果你曾品尝过中华美食，那么你应该不会忘记它们的味道。"

一声霹雳般的巨响炸开，饕餮哈哈大笑："好！只要你能弄来有中国特色、花样多，而且足够让我吃饱的东西，我就让你们过去！"

说到中国特色，你想起了春节期间家人亲手做的热腾腾的年夜饭。

天南地北，年的味道
The 能量碎片 E of festival

我国的饮食文化博大精深，不同的地域有很大的不同之处。你是否了解，你老家的年夜饭是什么呢？博山酥锅、临沂"光棍鸡"抑或潍坊肉火烧？

放眼全国，人们餐桌上的年夜饭是什么样的？广东人吃的经典粤菜年夜饭是什么？东北人的年夜饭桌上会有蒸大馒头吗？新疆人的年夜饭又会是什么样子呢？

在遥远的欧洲、美洲或者非洲，中国人都是怎样庆祝春节的？他们的年夜饭的饭桌上还有饺子吗？他们也会吃海蜇拌黄瓜吗？

不论身处何地，年的氛围、家的味道都体现在饭桌上，一桌桌冒着热气的年夜饭，就是我们对于家的最深刻的印象。

有中国人的地方就有中国年，有中国年的地方就有中国菜，有中国菜的地方就有家的味道。

任务 制作年夜饭

1. 选取一道你最想介绍给大家的年夜饭，体现出年夜饭的地域性。
2. 搜集关于原料和制作步骤的英文表达。
3. 用英文记录制作步骤，并配图进行说明，呈现在厚绘画纸上。
4. 在纸的反面贴上一副年夜饭的照片，在照片一侧或下方用英语叙述这道年夜饭的故事，可以是来源，也可以是发生在自己身边的关于这道年夜饭的故事等。
5. 制作成海报。
6. 将海报附在遨游日志上。

评价方式

美食手册展

1. 学校会组织选取优秀海报并集结成册，形成一本学校特色的英文版《天南地北年夜饭大全》手册，星际遨游日现场将展示并售卖手册。

2. 外国友人来访时将手册赠送给他们作为礼物，以此来发扬我国优秀的传统美食文化。

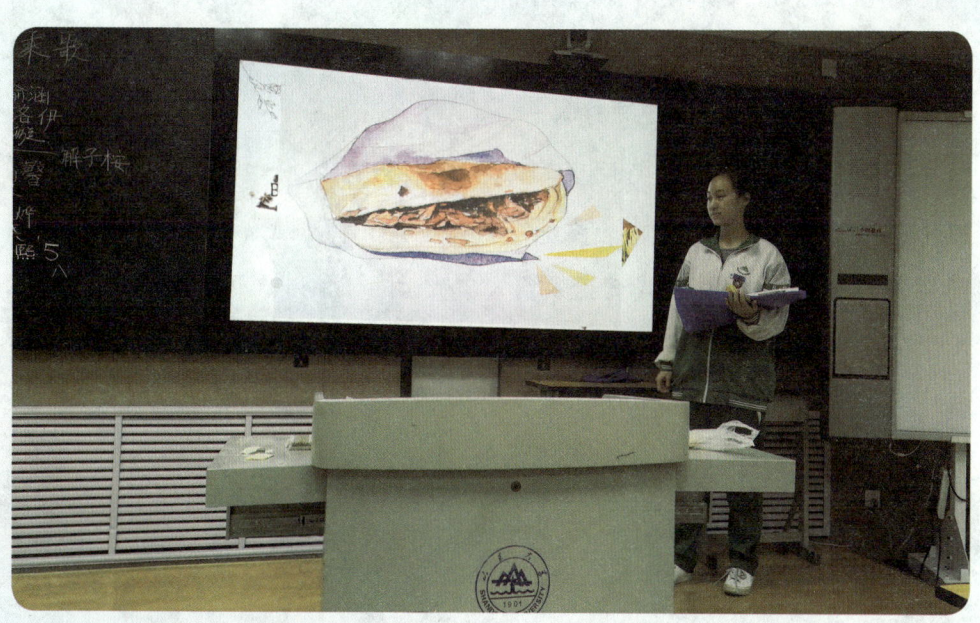

星系逆航

转眼间，太空中虚无而黑暗的空间就被各种各样的年夜饭填满了。高升鸡翅、鱼香肉丝、糖醋鲤鱼、梅菜扣肉、芙蓉蒸蟹、枣花馍、南瓜发糕、锅包肉、东北乱炖、脆皮烤鸭、饺子、溜肥肠、剁椒鱼头、白云猪手、酸笋牛肉、毛血旺、牦牛肉干在空间里飘浮着，连饕餮都目不暇接。

饕餮张开嘴，食物争先恐后地飞入它饥饿的肠胃。这只懂得共情的巨兽尝到了酸、甜、苦、辣、咸等各种各样奇妙无比的味道。它的心中渐渐涌起一阵暖流——它感应到了食物里家的温暖。它小的时候，地球上还荒无人烟；它见证了人类出现、成长、生生灭灭，千万年来旁观世情冷暖，直到被驱逐至此。它在宇宙中飘浮，永久的孤独和寂寞几乎击败了它；没有陪伴、没有事做，只能靠吞噬星球解闷。

是这艘飞舰的到来，给饕餮带来了一丝乐趣。它的孤独实在太久了……

"原来，这就是人类口中的'乡愁'吗？你们很幸运，我现在已经不饿了。"饕餮把最后一盘菜吞下，却没有闭上嘴巴，"我知道你们在找什么。正是因为我曾经吞下了它，才会落到永远的凄凉中去。"

一块流光溢彩的能量碎片从它的腹中飞出。由于饕餮本体的吞噬、消化、吸收，这块碎片上的能量几乎达到了另外五块碎片的总和！

饕餮笑了笑，"吃得太多，我已经永远定格成了这般模样。你们回去吧，回到自己的世界，保护好地球，不要让美味消失。"

说罢，饕餮一甩尾巴，向宇宙的深处奔去；能量碎片溢出的光辉刺痛了你的眼睛，几乎使你流下泪来……

"是时候该回去了。"

70

大结局

有一种传统美食，距今已有一千八百多年的历史了，最初由东汉南阳郡（今河南南阳）人张仲景发明作为药用的。它是我国北方民间的一种主食，也是一种年节食品。每逢新春佳节，一家人团团圆圆地坐在一起，盛上它，也盛出了对来年美好的期望。你知道它是什么吗？

将这种美食的名称发送到微信公众号后台，如果正确，你将看到星系逆航的大结局！

主线一：完成星际任务　集齐能量碎片

星系逆航跃迁路线图

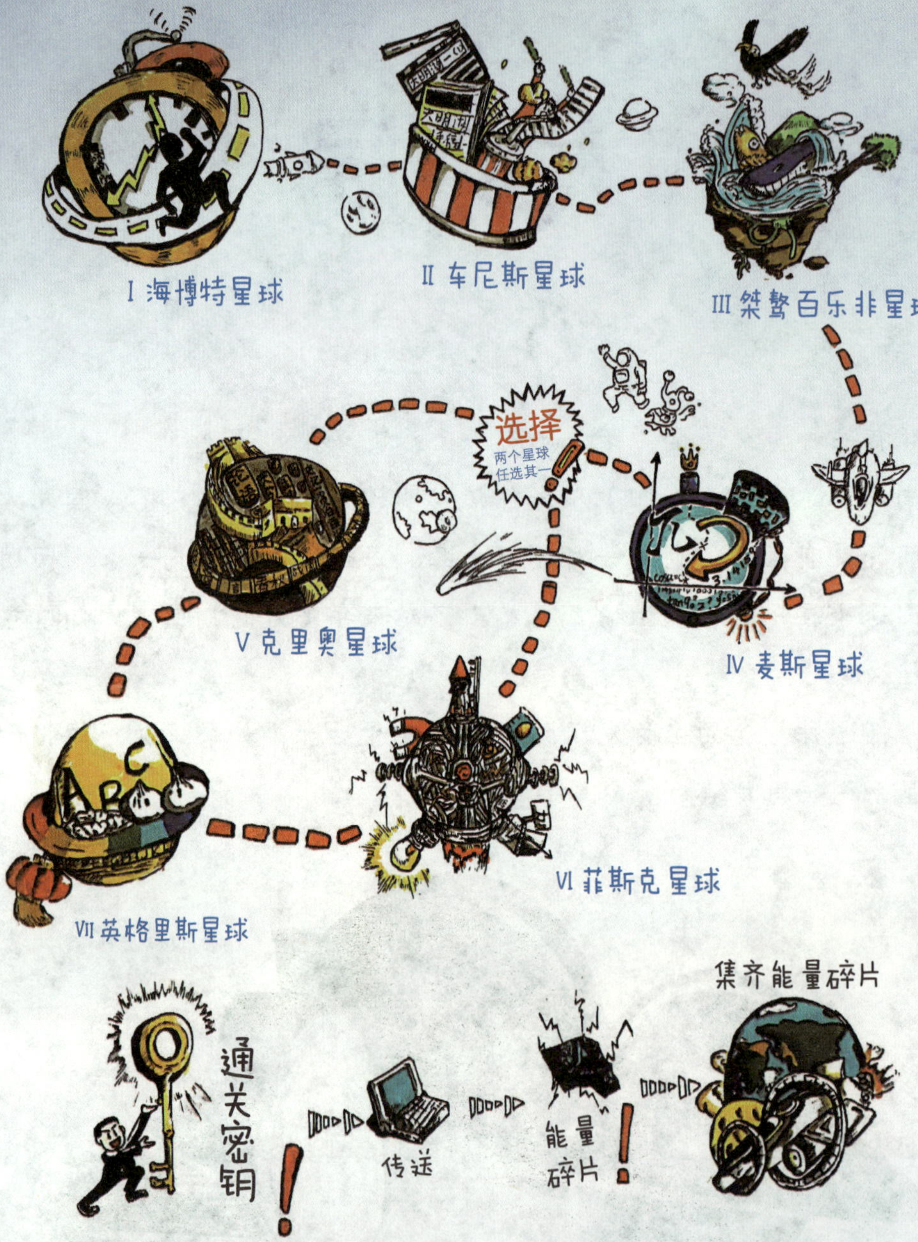

I 海博特星球　　II 车尼斯星球　　III 桀骜百乐非星球

IV 麦斯星球　　V 克里奥星球　　VI 菲斯克星球　　VII 英格里斯星球

选择 两个星球任选其一

通关密钥　传送　能量碎片　集齐能量碎片

主线二：制作遨游日志

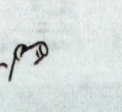

星际遨游日志

祝贺你完成了星际之旅！

在浩瀚无垠的宇宙中，人类如同小小的砂砾。

你的体验前所未有，收获出乎意料，你的所作、所为、所见、所闻、所感都无比珍贵。请把你的所有成果通过设计汇编成册吧！

任务一 设计框架

请以"我的星际遨游日志"为副标题，自拟主标题，设计一本具有完整封面、封底和内页的日志。A4纸大小，样式不限。

任务二 规划目录

根据自己的情况，大致列好目录，起好标题名，可以在完成项目的过程中再进行细化和完善。

【目录示例1】

从孩子到少年

从观众到导演

从生存到创造

从路痴到导航

从历史迷到史学家

从玩家到开发商

从吃货到大厨

【目录示例2】

守护我的家园

倒数30天：我的日常拼搏

最后的家：曲水亭街的曲水流觞

开启锁孔：能量碎片你在哪里

奔跑在山大：麦斯星球之谜

你好，旧时光：记得你们曾辉煌

原来我能行：科学与美食的碰撞

家的味道：净化心灵

任务三　填充内容

海博特星球：1.完成时间管理规划，形式不限。2.制作阅读曲线图。3.完成体育锻炼记录表。

车尼斯星球：1.将巴金先生的《家》的片段改编成以具有本地民俗特色的街为背景的剧本，并拍摄成电影，开学后参加"车尼斯电影节"。

桀鹜百乐非星球：1.作图并回答问题。2.完成绘画作品。

麦斯星球：通过提示找到相关地点，把解题的思考过程和定位作图过程写下来。

克里奥星球：1.写出四位先生的名字。2.根据线索，找到"第一位先生"发现的最有代表性的文化遗址并在该遗址前合影留念（或在网络或书籍中找到相关图片）。3.写一篇关于老舍先生的《大明湖》的研究札记。4.摘抄"第三位先生"相关书目的相关情节，并记录感受。

菲斯克星球：1.完成任务一、任务二要求制作的美食并拍摄照片。2.完成相关表格。3.制作一个做豆腐的工具并拍照。4.撰写豆腐的制作过程与制作原理。5.制作一种**能量碎片D**（食物相关），完成相关表格。

英格里斯星球：完成美食海报。

任务四　制作成册

制作一本图文并茂的册子，胶装，开学后作为纸质作业上交。

【评价方式】
采用过程性评价和终结性评价相结合的方式进行评价。

一、过程性评价
教师对学生遨游日志中的过程性内容进行评价。

二、终结性评价

1. 等级评价

班主任需要对学生的遨游日志给出综合性等级评价，分为A、B、C、D四个等级。班主任采用整体性评价的原则，主要根据学生的完成情况给出相应等级。评价标准如下：

A	B	C	D
遨游日志设计合理、有创意；完成全部内容；照片清楚；表格清晰	能设计遨游日志并完成全部内容；照片比较清楚；表格比较清晰	遨游日志设计不完整；个别项目未完成或虽然完成但表格、图片模糊不清；逻辑混乱不明	未完成

2. 奖励性评价

① 车尼斯星球：由评审团选出最佳男女主角、最佳男女配角、最佳导演、最佳编剧、最佳剪辑、最佳服装、最佳场景设计等奖项，在星际遨游日当天颁发"车尼斯杯"，入围者走红地毯。

②桀骜百乐非星球：举办拍卖会；将优秀作品用精美的画框装裱起来，学校将专门设计一条走廊用于展示。

③麦斯星球：设计夺宝图或定向越野地图。优秀方案将被学校采纳，学校利用这个方案设计一次定向越野赛。

④克里奥星球：评选出最佳报告。

⑤菲斯克星球：在星际遨游日当天售卖自己制作的美食，收入归制作者所有，收入最多者获得最佳美食奖。

⑥英格里斯星球：优秀作品入选《天南地北年夜饭大全》，其作者获得证书。

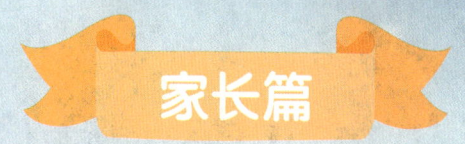

家长篇

家长要完成

在假期项目式学习的过程中，孩子需要家长的指导和帮助，家长既是导师也是伙伴，项目式学习的过程也是亲子交流的过程。

一、实施前

1. 建立家庭互助小组

本次假期项目式学习需要进行团队合作，所以需要按照"家长篇·家庭互助小组"的要求，建立适合各自情况的家庭互助小组，为孩子的小组合作提供平台。

2. 建立家庭评价团队

家庭评价团队的成员需要了解每一个项目的具体内容以及评价准则，能够根据孩子的完成情况给以最合适的评价。了解实施项目时可能存在的安全隐患，提前做好预防。

3. 明确家长在项目实施过程中所扮演的角色

① 导师——对于孩子困惑的问题给以必要的指导，指导要适度，不要让自己变成项目的主导者。

② 伙伴——对于存在安全隐患的项目，以伙伴的身份全程参与。

星系逆航

二、实施中

根据具体项目要求，协助孩子完成项目并做好相应任务。

三、实施后

1. 根据孩子的兴趣，可带领孩子参观当地的科技馆、博物馆、美术馆或者参加相关的项目拓展活动。

2. 继续完善项目成果，和孩子一起做好准备，参加开学后学校举办的项目式学习展示比赛——星系逆航游园会。

家长要督促

在假期项目式学习的过程中，家长在辅助孩子的同时也要注意督促。以下是家长需要督促孩子完成的内容。

一、实施前

1. 组建项目式学习小组

本书项目分为个人项目和团队项目，因此在实施前孩子需要组建项目式学习小组。需要注意以下几点：

① 明确自己的特长与不足，组建学习小组时小组成员可以做到优势互补。

② 根据家庭住址就近选择成员。

③ 成立小组时需要考虑家庭互助小组的成立情况。

2. 做好项目的准备工作

① 通读全书，了解项目式学习内容。

② 进行头脑风暴，初步制订项目完成计划。

③ 根据内容进行合理的小组分工。

④ 根据计划准备实验所需要的器材。

二、实施中

1. 督促孩子根据计划完成项目，记录项目式学习中存在的问题。

（建议采用图片记录和视频记录的形式，家长可以辅助孩子做好过程性材料的记录和保存，也可以和孩子一起制作一些有趣的项目式学习展示性视频。）

2. 督促孩子完成任务后将通关密钥发送到微信公众号后台，完成遨游日志。

三、实施后

督促孩子总结项目式学习中的经验，并渗透到以后的学习和生活中。

家庭互助小组

说明

假期中团队项目实施的前提就是建立"家庭互助小组",以下是关于家庭互助小组的具体说明。

1. 什么是家庭互助小组?

家庭互助小组是为了保障项目式学习能够顺利实施和评价,家长及孩子综合考虑家庭住址、性格特征等方面的互补作用,本着自愿的原则自由组合(2~4个家庭一组为宜)所形成的互助团队。家庭互助小组可以在项目式学习实施和评价过程中开展家庭互助活动,组织孩子在一起学习、交流等,家长也可以在一起交流教育问题、育子经验,开展亲子活动。

2. 为什么要成立家庭互助小组?

(1)培养孩子配合协作和团队交流能力。项目式学习中设置了许多团队协作任务,只有组建小组合作才能完成。

(2)家庭之间自由组合,发挥各自家庭的优势,可以在项目式学习中有更多、更大的收获。

(3)促进不同家庭之间的交流,增进彼此之间的了解,促成孩子亲密融洽人际关系的建立。这种交流既存在于孩子的层面,也存在于家长的层面;可以是教育方面的交流,也可以是生活方面的交流。各个家庭可以在互动交流中分享快乐,分担烦恼。

3. 家庭互助小组应该如何工作？

（1）明确目标和主题，根据各自的优势合理分工，确定参加活动的孩子和家长（确定组长、组员或其他负责人）。

（2）确定活动的时间、地点，以及所需要准备的工具和材料。

（3）考虑到安全问题，每次活动时确保有一名家长参加并全程陪同，不允许孩子完全自由活动。

（4）在活动中，家长可以在保障孩子安全的前提下提供力所能及的后勤支援。同时，家长可以在活动中做好拍照等记录工作，留下过程性材料，方便孩子进行反思和总结。

（5）家庭互助小组成员可以建立交流群，保持通信畅通。若无法参加活动，孩子或家长应第一时间联系组长，活动结束后组长落实孩子到家情况。

方案示例

一、成立目的

变独自学习为集体学习，借助团队力量，优势互补，提高学习效率，共同进步与成长！

二、成立口号

脚踏实地，快乐学习，互助合作，健康成长！

三、活动时间和地点

每周六/周日全天（8:30～17:00），地点轮流，时间可适当调整。

四、活动规则

（一）在谁家学习谁负责安排活动。

1. 负责的家庭提前制订一天的活动计划，尽量详细并方便操作。

例如：上午写作业，下午进行室外活动等。上午必须安排学习，以共同提高为目的。

2. 写作业时，保持绝对安静，提高学习效率，绝不互相干扰。每隔一段时间休息15分钟，可以讨论问题、喝水、上厕所等。

3. 遵守时间，不迟到，不早退，不随意外出，服从"家长班主任"的领导。特殊情况要主动汇报。

4. 举止文明，有礼貌（进门问好，出门说再见），"入家随俗"，自觉遵守家庭规矩，自带水杯。

5. 中午饭的制作要求每人都参与，发挥特长互助合作，不会做饭的收拾桌子或洗碗。

6. 室外活动听从"家长班主任"的安排，不提过分要求，注意安全，不做危险活动。

7. 活动结束后马上回家，不在外逗留，以免父母牵挂。到家后给负责的家长打电话或发短信报平安。

（二）在谁家学习，谁家的家长任"班主任"。

1. 孩子写作业时，提供较为独立并且安静的学习环境。

2. 孩子学习期间尽量不要外出，负责提醒孩子休息和学习。

3. 孩子的学习与活动情况要做记录。

4. 孩子活动时间要陪同，以确保安全。

5. 组织孩子做活动小结，叮嘱孩子及时回家。

家庭互助小组活动记录表

					年　月　日
组员姓名					
到达时间					
进门问好					
遵守纪律					
独立作业					
书写规范					
参与劳动					
积极锻炼					
出门再见					
到家时间					
签名 （家长确认）					

教师篇

操作流程

一、实施前

1. 组建实施与评价教师团队。

2. 对班主任、家长、学生分别开展说明会。

班主任说明会应包含以下内容：

① 安全提醒。

② 应协助建立家庭学习小组。

③ 开学后应收齐作业，如电影视频、鸟类绘图、美食海报、夺宝图（越野图）等。

④ 需要对学生的遨游日志做出综合性等级评价，分为A、B、C、D四个等级。采用整体性评价的原则，主要根据学生的完成情况给出相应等级。

⑤ 及时给学生解答关于项目式学习的困惑。

家长说明会应包含以下内容：

① 安全提醒。

② 作业设计背景及内容简介。

③ 家长的作用以及指导的原则。家长的作用：理解项目式学习的意义，支持并鼓励孩子正确对待，认真完成。家长指导的原则：尊重孩子的兴趣，引导但不代替。

学生说明会应包含以下内容：

① 安全提醒。

② 作业设计背景及内容简介。

③ 评价方式。

二、实施中

实施与评价教师团队在放假期间及时回复学生的信息，并对学生出现的问题进行针对性指导。也可选有兴趣的同学一起执行回复的指导任务。

三、实施后

在校园内举办"星系逆航游园会"，调动班主任、教师团队等，统筹安排，做好规划：

1. 举办时间。

2. 参加人员。

3. 承办方。

4. 具体活动安排。

（1）道具准备：宣传海报，幻灯片，大屏幕等。

（2）人员安排：摄影、摄像人员，学生志愿者（由学生会主席担任），活动具体统筹及评分（相应负责教师），主持人（提前培训）。

（3）当天活动（参考）

活动内容		时间	学生负责人	教师负责人	备注
1. 开幕式	作业介绍	15:50	志愿者6名，主持人2名	5名	1. 学生视频团队负责制作视频，在大屏幕上播放 2. 一名教师准备奖杯及邀请相关领导颁奖 3. 场地中间留一条红地毯通道 4. 年级委员组织搭台
	车尼斯电影节颁奖				
2. 鸟类图片拍卖会		16:15	志愿者6名，主持人2名	了解相关拍卖知识的教师1名	
3. 海博特星球＋麦斯星球定向越野展示		16:20	志愿者8名，主持人1名	评委：数学教师4名，体育教师1名	
4. 美食大作战		16:25	志愿者3名，评委6名，主持人2名	评委：理科教师共4名	
5. 克里奥星球学术报告会		16:25	志愿者4名，主持人2名	评委：历史教师1名	

（续表）

活动内容	时间	学生负责人	教师负责人	备注
6.车尼斯星球话剧展	16:25	志愿者4名，评委3名，主持人2名	评委：语文教师3名	提前把场地布置好，按要求摆放桌子和凳子，结束后注意归位
7.英文美食演讲大赛	16:25	主持人1名	评委：英语教师5名	

5. 部分项目说明

开幕式

★教师需准备

红地毯，舞台，签名墙等

★活动安排

（1）主持人介绍项目式作业内容及当天展示项目，并着重介绍车尼斯星球电影展示：评审委员会（可由语文、音乐、美术、信息、戏剧教师及其他年级具有相关特长的学生组成）经过层层筛选，最终评选出了最佳男主角、最佳女主角、最佳男配角、最佳女配角、最佳导演、最佳编剧、最佳服装设计、最佳影片、最佳编剧、最佳配乐、最佳剪辑、最佳化妆、最佳美术设计、最受欢迎电影14个奖项。

（2）获奖人走红地毯后上台领奖。（班主任提前通知入选者穿礼服）

（3）获奖人合影后下台，主持人宣布活动正式开始。

（4）颁奖：每个班级入选一部电影。经过前期评委打分，其中有80%的班级可以获得车尼斯杯和奖状，并派代表发表获奖感言；20%的班级只获得奖状。（也可以所有班级都有奖杯和奖状，但有的班级一个奖杯，有的班级两个，以体现不同。学校根据具体情况决定）

美食大作战

★ 参赛人数

每班推选3人为一组

★ 需准备器材

桌子（学生自带）

★ 活动安排

（1）讲解豆腐的制作过程以及其中涉及的科学知识，讲解过程若无法使用多媒体工具，可以自己准备讲解图以及展板等。评委根据讲解情况给予评分。

（2）现场制作豆腐。可以从豆腐点卤过程开始（参赛者可多准备几个小容器让参观的同学参与豆腐的制作过程），也可以从豆腐压制过程开始。评委根据豆腐制作情况以及学生参与度给予评分。

（3）展示制作的其他食物，可以进行销售，所得归参赛团队所有。

（4）按顺序进行讲解，每组5分钟，两组同时开展，一组在进行讲解时其他组可以进行豆腐制作以及引导其他参观的同学进行制作。

（5）根据评分颁发"生活科学家奖"，另有一等奖3名，二等奖4名，三等奖5名。